Wunderschöne
Weihnachtsgeschichten

Inhalt

A, a, a, der Winter, der ist da!

Musik: trad. | Text: trad.

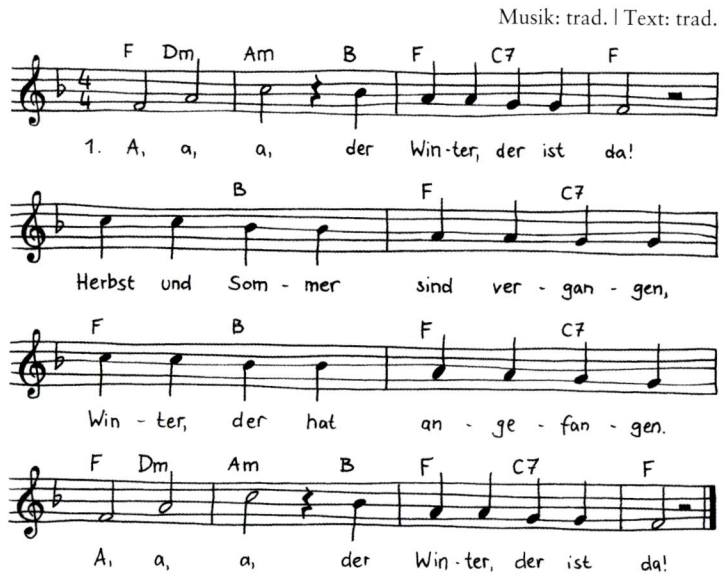

1. A, a, a, der Win-ter, der ist da!
Herbst und Som-mer sind ver-gan-gen,
Win-ter, der hat an-ge-fan-gen.
A, a, a, der Win-ter, der ist da!

2. E, e, e, er bringt uns Eis und Schnee,
   malt uns gar zum Zeitvertreiben
   Blumen an die Fensterscheiben.
   E, e, e, er bringt uns Eis und Schnee!

3. I, i, i, vergiss die Armen nie!
   Wenn du liegst in warmen Kissen,
   denk an die, die frieren müssen.
   I, i, i, vergiss die Armen nie!

4. O, o, o, wie sind wir Kinder froh!
   Sehen jede Nacht im Traume
   uns schon unterm Weihnachtsbaume.
   O, o, o, wie sind wir Kinder froh!

5. U, u, u, jetzt weiß ich, was ich tu!
   Hol den Schlitten aus dem Keller,
   und dann fahr ich immer schneller.
   U, u, u, jetzt weiß ich, was ich tu!

Lasst uns froh und munter sein

Musik: trad. (19. Jhdt.) | Text: trad. (19. Jhdt.)

1. Lasst uns froh und mun - ter sein

und uns recht von Her - zen freun!

1.-5. Lus - tig, lus - tig, tra - le - ra - le - ra!

Bald ist Nik - laus- a - bend da,

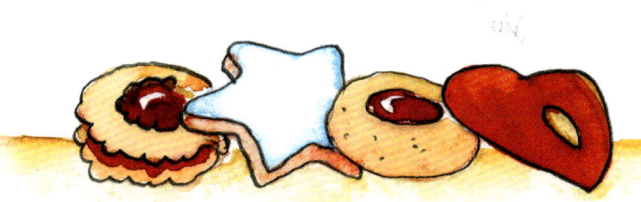

2. Dann stell ich den Teller auf,
   Niklaus legt gewiss was drauf.
   Lustig, lustig, ...

3. Wenn ich schlaf, dann träume ich:
   Jetzt bringt Niklaus was für mich.
   Lustig, lustig, ...

4. Wenn ich aufgestanden bin,
   lauf ich schnell zum Teller hin.
   Lustig, lustig, ...

5. Niklaus ist ein guter Mann,
   dem man nicht genug danken kann.
   Lustig, lustig, ...

Warten auf den Nikolaus

Am 5. Dezember saß Oskar im Badezimmer und spielte mit seinem Goldfisch Goldi. „Morgen ist der 6. Dezember und dann kommt der Nikolaus zu uns", sagte Oskar zu seinem Spielkameraden. Der kleine Junge konnte den Nikolaustag kaum erwarten. Bis jetzt hatte er den Nikolaus noch nie gesehen, sondern immer nur die Geschenke von ihm in seinem Stiefel gefunden. Oskar wusste, dass der Nikolaus aber auch fragte, ob man ungezogen gewesen sei oder etwas Schlimmes angestellt habe. War Oskar immer brav gewesen? Manchmal wollte er nicht ins Bett gehen und hatte keine Lust, Papa beim Frühstückmachen zu helfen. Manchmal kümmerte er sich auch zu wenig um seinen Goldfisch, weil er mit seinen Freunden spielen wollte. „Vielleicht bringt der Nikolaus ja einen Spielgefährten für Goldi mit", grübelte Oskar, „dann

hat mein kleiner Goldfisch immer jemanden zum Planschen."

Aber würde der Nikolaus morgen auch wirklich zu Oskar kommen? Bevor Mama geschäftlich verreist war, hatte sie gesagt: „Dieses Jahr besucht dich der Nikolaus ganz sicher. Du musst nur ganz fest daran glauben." Und dann hatte sie Oskar einen dicken Abschiedskuss gegeben.

Oskar war sehr aufgeregt. Die Zeit verging so langsam! Er setzte Goldi zurück auf den Badewannenrand und ging zu Papa, der auf dem Sofa saß und Tee trank.

„Papa, gibt es den Nikolaus wirklich?", fragte er neugierig. „Und kommt er morgen auch in unser Haus und bringt Geschenke und einen Freund für Goldi mit?" Katze Molli spitzte die Ohren. „Ein Spielkamerad für Goldi wäre toll", schnurrte sie. Sie spielte nämlich lieber mit ihren Katzenfreunden draußen und konnte mit dem Goldfisch nicht so viel anfangen. Außerdem verstand Goldi die Katzensprache nicht und Molli sprach keinen Fischdialekt. Oskar kuschelte sich zu Papa aufs Sofa.

Er wollte alles über den Nikolaus wissen. „Der Nikolaus ist ein weiser, alter Mann mit weißen Haaren und
einem langen Rauschebart", begann Papa zu erzählen.
„Er lebt auf der anderen Seite der Erde, dort wo es
ganz kalt ist und sehr viel Schnee liegt."
Oskar konnte vor Aufregung kaum sprechen.
„Und dann kommt der Nikolaus von so weit her zu
den Kindern nach Deutschland?", fragte er Papa.
„Der Nikolaus reist um die ganze Welt, um den Kindern am 6. Dezember Geschenke in ihre Stiefel zu stecken und um zu fragen, ob sie auch alle brav waren",
antwortete Papa. „Und er kann die Gedanken der
Kinder lesen und bringt ihnen genau das zum Nikolaustag, was sie sich am meisten wünschen."
Oskar horchte auf. Dann würde Goldi ja wirklich einen neuen Freund bekommen! Denn das wünschte
Oskar sich am allermeisten. Und als Dankeschön
würde er dem Nikolaus versprechen, immer brav ins
Bett zu gehen, wenn Mama und Papa es sagten, und er
würde Papa immer beim Frühstückmachen helfen.
Oskar lief zu Goldi ins Badezimmer. „Morgen Früh
hast du einen neuen Freund – versprochen", sagte er
zu seinem Goldfisch.
Dann ging Oskar an den Schuhschrank
und holte den größten Stiefel, den
er hatte, heraus und putzte
ihn mit Schuhcreme bis
er blitzte und blinkte.

„Der geputzte Stiefel wird dem Nikolaus sicher gut gefallen", freute sich Oskar und stellte den Stiefel vor sein Kinderzimmer. Dann ging er zurück ins Wohnzimmer zu Papa und fragte ihn weiter nach dem Nikolaus.

„Der Nikolaus hat das ganze Jahr sehr viel zu tun", erzählte Papa und streichelte Oskar über den Kopf. „Tag für Tag werden Vorbereitungen für den 6. Dezember getroffen. Die Wünsche der Kinder werden aufgeschrieben, dann werden die Geschenke besorgt und verpackt. Der Nikolaus hat viele Hilfsnikolause, die ihm dabei helfen."

Oskar kuschelte sich ganz dicht an Papa. „Erzähl mir mehr vom Nikolaus", bat er. „Die Geschenke für die Kinder werden auf einen großen Schlitten gepackt, der von Rentieren gezogen wird. Dann besucht der Nikolaus die Kinder auf der ganzen Welt. Da Deutschland von seiner Heimat sehr weit entfernt ist, wird er erst am frühen Morgen zu uns kommen, glaube ich", fuhr Papa fort. „Er hat eine sehr anstrengende Reise vor sich und muss sich zwischendurch auch mal ausruhen. Ausruhen solltest du dich aber auch noch vor dem großen

Tag, lieber Oskar, also ab ins Bett", sagte Papa und ging mit seinem Sohn ins Kinderzimmer. Ohne zu murren, ging Oskar ins Bett und träumte vom Nikolaus. Bis er von einem knarrenden Geräusch geweckt wurde.

Auf Zehenspitzen schlich er aus seinem Zimmer und schaute vorsichtig in den Flur. Im Dunkeln konnte er einen großen Fuß erkennen. War das der Nikolaus? Oskar hielt den Atem an und stand mucksmäuschenstill da.

„Aua, aua", hörte er eine tiefe Stimme sagen. „Verflixt und zugenäht, tut das weh."

Wer war das? Oskar zitterte vor Aufregung. Dann schaute er genauer hin und erkannte einen Schatten im Dunkeln. Er sah einen großen Mann mit weißen Haaren und einem langen Bart, der einen Mantel trug und durch den Flur humpelte. War das vielleicht der Nikolaus? Aber warum hatte er keine Stiefel an? Und warum humpelte er? Und wo waren der Schlitten, die Rentiere und die Geschenke? Und wenn es der Nikolaus war, hatte er dann einen Freund für Goldi mitgebracht? Der Schatten ging auf Oskar zu.

„Hallo, kleiner Junge", sprach die tiefe Stimme. „Ich habe dich schon erwartet und hoffe, dass du mir helfen kannst."

„Wer bist du denn?", fragte Oskar schüchtern.

„Ich bin der Nikolaus, auf den du so sehnsüchtig gewartet hast", sprach der Mann mit dem weißen Bart. Oskar freute sich. Der Nikolaus war tatsächlich zu ihm nach Hause gekommen.

„Das ist aber eine weite Reise zu dir nach Hause", stöhnte der Nikolaus. Auf dem Weg zu dir ist mein Schlitten im Schnee stecken geblieben und die Rentiere konnten nicht mehr weiterlaufen. Ich musste aussteigen und schieben helfen. Als ich danach meine Stiefel ausgezogen habe, um den Schnee herauszuschütteln, habe ich mir irgendetwas Spitzes in den Fuß getreten."

Oskar betrachtete den Nikolaus. Er sah müde und kaputt aus. „Ich werde dir einen Tee machen und ein paar Kekse aus der Küche holen", versprach Oskar.

„Das wäre sehr nett, kleiner Mann", antwortete der Nikolaus. „Hättest du auch etwas zu fressen und zu trinken für meine Rentiere? Sie sind von der langen Reise sehr erschöpft und stehen hungrig vor eurem Haus."

Oskar schlich in die Küche, machte einen Tee für den Nikolaus und brachte Kekse und Wasser für die

Rentiere. Dann nahm er die klitschnassen Stiefel des Nikolaus' und stellte sie ins Bad unter die Heizung zum Trocknen. Oskar konnte es kaum glauben: Der Nikolaus war bei ihm zu Besuch!

Der Nikolaus schlürfte seinen Tee und knabberte an den Keksen. Dann kletterte Oskar aus dem Fenster im Badezimmer zu den Rentieren und versorgte sie mit Futter und Wasser. Sie waren so hungrig, dass sie wahrscheinlich sogar das Katzenfutter von Molli gegessen hätten. Vor dem Haus betrachtete Oskar den vollgepackten Schlitten vom Nikolaus. Tausende von Geschenken lagen dort. Ob sein Geschenk auch dabei war? Würde Goldi wirklich einen Spielkameraden bekommen?

Oskar kletterte ins Haus zurück – aber wo war der Nikolaus? Er suchte ihn in der Küche, im Wohnzimmer, im Badezimmer, aber keine Spur von ihm.

Traurig ging Oskar ins Kinderzimmer. War der Nikolaus etwa weitergefahren, ohne sich zu verabschieden? Und was war mit dem Geschenk für Goldi? Traurig setzte sich Oskar auf sein Bett im Kinderzimmer.

„Aua, du sitzt auf meinem kaputten Fuß", sprach eine tiefe Stimme. Das war der Nikolaus! Er hatte sich, während Oskar bei den Rentieren war, in Oskars Bett gekuschelt und war eingeschlafen. „Das kurze Schläfchen war sehr erholsam", freute sich der Nikolaus und reckte und streckte sich. „Aber mein Fuß tut noch sehr weh!", jammerte er.

„Ich habe deine Stiefel zum Trocknen ins Badezimmer gestellt", sagte Oskar stolz. „Dort können wir auch deinen wunden Fuß verarzten."

„Das ist eine gute Idee", erwiderte der Nikolaus und humpelte hinter Oskar ins Bad. Oskar brachte eine Schüssel mit warmem Wasser und wusch dem Nikolaus die Füße ab. Dann cremten sie den verletzten Fuß mit Wundsalbe ein und klebten ein Pflaster auf. Goldfisch Goldi betrachtete die beiden neugierig.

„Ah, das tut gut!", rief der Nikolaus begeistert. „Ich fühle mich wie neugeboren! Und meine Stiefel sind auch schon getrocknet." Oskar konnte es kaum glauben. Da saß tatsächlich der Nikolaus in seinem Badezimmer und ließ sich von ihm verarzten. Wenn das Mama, Papa und seine Freunde wüssten!

Oskar und der Nikolaus gingen ins Kinderzimmer zurück und setzten sich aufs Bett. „Du hast aber ein sehr gemütliches Kinderzimmer, Oskar", sagte der Nikolaus. „Und weil ich schon mal von so weit

her den Weg in dein Haus gegangen bin, bleibe ich noch eine Weile hier und wir machen es uns gemütlich und reden in aller Ruhe. Ich weiß nämlich nicht, ob ich es im nächsten Jahr wieder zu dir schaffe, bei meiner vielen Arbeit." Und so saßen Oskar und der Nikolaus zusammen auf Oskars Bett und erzählten und erzählten …

Oskar konnte gar nicht genug von den aufregenden Geschichten bekommen. Der Nikolaus erzählte von seinen Reisen zu den Kindern in fremden Ländern und wie sie dort den Nikolaustag feiern.

„Oje, jetzt haben wir aber lange geredet", sprach der Nikolaus und schaute auf seine Uhr. „Die anderen Kinder warten auf mich. Ich muss nun weiter zum Geschenkeverteilen."

„Deshalb kommen wir jetzt mal zu dir, lieber Oskar", sagte der Nikolaus und räusperte sich. „Ich kann ja Gedanken lesen, und deshalb weiß ich, dass du einen ganz bestimmten Wunsch zum Nikolaustag hast."

Oskar schaute verdutzt. Wusste der Nikolaus wirklich, dass er sich einen Freund für seinen Goldfisch wünschte?

„Wenn du mir versprichst, dass du immer pünktlich ins Bett gehst und deinem Papa beim Frühstückmachen hilfst, habe ich später eine Überraschung für dich! Jetzt muss ich aber wirklich los", sprach der Nikolaus und drückte Oskar. „Vielen Dank für deine Hilfe!"

Als der Nikolaus mit seinem Schlitten nur noch ein klitzekleiner Punkt in der Ferne war, ging Oskar in sein Zimmer zurück. Vor seiner Tür lag ein Paket. Da es schon Morgen war, lief Oskar aufgeregt in Papas Zimmer. Papa war auch ganz gespannt, was in dem Paket drin war. Oskar konnte es kaum glauben: In dem Paket war tatsächlich ein echter Goldfischfreund für Goldi!

„Der Nikolaus hat sein Versprechen gehalten!", rief Oskar begeistert.

„Hast du denn mit dem Nikolaus gesprochen?", fragte Papa neugierig.

„Das ist eine ganz lange Geschichte, Papa", antwortete Oskar. „Das erzähle ich dir beim Frühstück. Was möchtest du essen?"

Und so machte Oskar für seinen Papa das Frühstück und erzählte von seiner aufregenden Begegnung mit dem Nikolaus, während Goldi mit seinem neuen Freund in der Badewanne planschte. Das Warten auf den Nikolaus hatte sich wirklich gelohnt!

Schneeflöckchen, Weißröckchen

Musik: trad. | Text: trad.

1. Schnee- flöck-chen, Weiß - röck-chen, Wann kommst du ge - schneit; du wohnst in den Wol - ken, dein Weg ist so weit.

2. Komm, setz dich ans Fenster,
du lieblicher Stern;
malst Blumen und Blätter,
wir haben dich gern.

3. Schneeflöckchen, du deckst uns
die Blümelein zu;
dann schlafen sie sicher
in himmlischer Ruh.

19

Knecht Ruprecht

Von drauß' vom Walde komm ich her;
ich muss euch sagen, es weihnachtet sehr!
Allüberall auf den Tannenspitzen
sah ich goldene Lichtlein sitzen;
und droben aus dem Himmelstor
sah mit großen Augen das Christkind hervor.
Und wie ich so strolcht' durch den finstern Tann,
da rief's mich mit heller Stimme an:
„Knecht Ruprecht", rief es, „alter Gesell,
hebe die Beine und spute dich schnell!
Die Kerzen fangen zu brennen an,
das Himmelstor ist aufgetan,
Alt' und Junge sollen nun
von der Jagd des Lebens einmal ruhn;
Und morgen flieg ich hinab zur Erden,
denn es soll wieder Weihnachten werden!"

Ich sprach: „Oh lieber Herre Christ,
meine Reise fast zu Ende ist;
ich soll nur noch in diese Stadt,
wo's eitel gute Kinder hat."
„Hast denn das Säcklein auch bei dir?"
Ich sprach: „Das Säcklein, das ist hier;
denn Äpfel, Nuss und Mandelkern
essen fromme Kinder gern."
„Hast denn die Rute auch bei dir?"
Ich sprach: „Die Rute, die ist hier;
doch für die Kinder nur, die schlechten,
die trifft sie auf den Teil, den rechten!"
Christkindlein sprach: „So ist es recht;
so geh mit Gott, mein treuer Knecht!"
Von drauß' vom Walde komm ich her;
ich muss euch sagen, es weihnachtet sehr!
Nun sprecht, wie ich's hierinnen find!
Sind's gute Kind', sind's böse Kind'?

Die Rodelwette

Diesen Winter sind Tom und Timmy mit ihren Eltern in die Berge gefahren. Letzte Nacht hat es geschneit und jetzt wollen Tom und Timmy ein Schlittenrennen machen. Die beiden Jungen ziehen ihre Schlitten einen Hang hinauf. Von dort oben wollen sie den Berg hinunterrodeln.

Wer wird wohl der Schnellere sein? Tom ist sich sicher: Er wird das Rennen gewinnen! Timmy glaubt, er sei zuerst im Ziel. So fangen sie an, sich zu zanken. Nun stellen sie ihre Schlitten nebeneinander. Tom ruft: „Auf die Plätze, fertig, los!"

Die Jungen stoßen sich fest vom Boden ab und fahren den Hang hinunter.

Sie werden schneller und schneller. Der Wind pfeift den beiden um die Ohren. Sogar die anderen Rodler und Skifahrer drehen sich nach ihnen um – so schnell sausen sie auf ihren Schlitten den Hang hinab.

Tom und Timmy sind auf gleicher Höhe, als plötzlich ein Ast auf der Rodelstrecke liegt! Timmy hält sich vor Schreck die Augen zu. Tom will ausweichen aber schafft es nicht. Da fahren beide mit ihren Schlitten über den Ast und fallen hin. Tom rollt durch den Schnee. Sein Schlitten saust weiter den Berg hinunter.

Und Timmy bleibt einfach kopfüber in einem weichen Schneehügel stecken. Beide klopfen sich den Schnee von ihren Jacken und schauen sich an. Sie fangen an zu lachen und steigen beide auf Timmys Schlitten. Gemeinsam fahren sie den Berg hinunter. Jetzt haben beide gewonnen.

A B C, die Katze lief im Schnee

Musik: trad. (1800) | Text: trad. (1800)

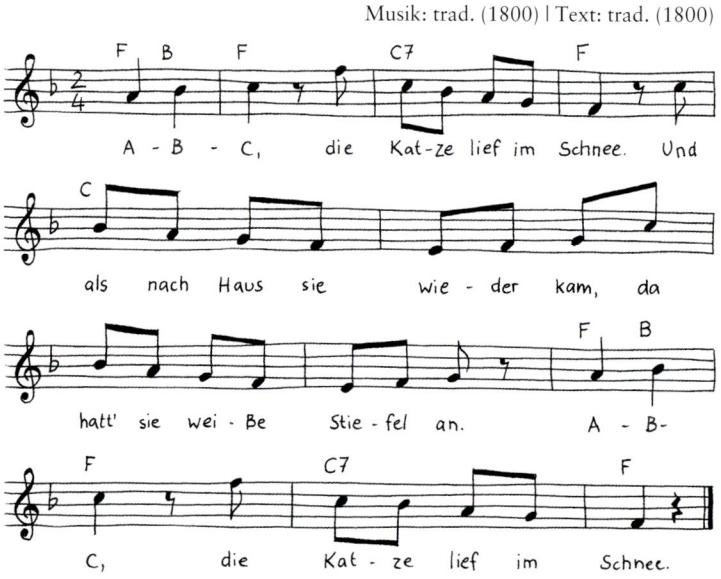

A - B - C, die Kat-ze lief im Schnee. Und als nach Haus sie wie-der kam, da hatt' sie wei-ße Stie-fel an. A - B-C, die Kat-ze lief im Schnee.

Schon gewusst?

Hast du schon einmal Katzen im Schnee beobachtet? Sie hinterlassen lustige Spuren, wenn sie im Schnee spielen und tollen. Und dabei ist ihnen nicht einmal kalt. Denn ihr Haarkleid bietet ausreichend Schutz gegen winterliche Temperaturen.

Der Esel des Sankt Nikolaus

Als der Winter wieder einmal gekommen war, der Schnee in dicken Flocken zur Erde fiel und die Weihnachtszeit nahte, kam Sankt Nikolaus in den Stall, in dem sein Eselchen stand, klopfte ihm auf den glatten Rücken und sagte: „Nun, mein Graues, wollen wir uns wieder auf die Reise machen?" Der Esel stampfte lustig mit den Füßen und wieherte leise.

So zogen sie denn zusammen aus, der Esel hoch bepackt mit Säcken, Sankt Nikolaus in seinem dicken Schneemantel, mit hohen Stiefeln und großen Pelzhandschuhen.

Wie sie so durch den Wald zogen, knirschte der Schnee unter ihren Füßen, und ihr Atem flog in großen Wolken um sie herum; aber Sankt Nikolaus lachte doch mit seinen fröhlichen alten Augen in die Welt hinein und das Eselchen schüttelte sich vor Vergnügen, sodass die silbernen Glöcklein weit über das Feld klangen.

Im nächsten Dorf kehrten sie ein, denn sie waren beide hungrig. Sankt Nikolaus stellte sein Eselchen in den Stall und setzte sich selbst in die warme Stube zu einem Teller Suppe. Im Stall standen ein paar Pferde; auch ein Esel war unter ihnen und gerade neben diesen Esel – es war ein großer Mülleresel – kam unser Eselchen zu stehen.

„Was bist denn du für ein Kauz?", fragte der große
Esel verächtlich.
„Ich bin der Esel des Sankt Nikolaus", antwortete
stolz unser Grauer.

„So", höhnte der Mülleresel, „da bist du auch etwas Rechtes! Immer hinter dem Alten herlaufen; im Schnee stehen vor den Häusern; fast erfrieren und verhungern, ehe du wieder in deinen Stall kommst; keinen rechten Lohn; immer das gleiche Futter, jahraus, jahrein; also ich würde mir so etwas nicht gefallen lassen."

„Ja, hast du es denn besser?", fragte ganz erstaunt das Eselchen; „du musst doch auch Säcke tragen, oder nicht?"

„Natürlich", prahlte der Esel, „aber nur, wenn es mir passt! Und zwischendurch laufe ich herum und gehe, wohin ich will! Habe ich Hunger, so komme ich heim und fresse, aber nicht nur dein lumpiges Heu, nein, Hafer, so viel es mir beliebt, und Brot und Zucker bringt man mir."

Das Eselchen glaubte dem Aufschneider alles; denn beim Sankt Nikolaus hatte es natürlich nicht lügen gelernt. Solch ein Leben schien ihm beneidenswert; denn Hafer, Brot und Zucker bekam es nur selten.

„Es war natürlich nicht immer so", fuhr der Mülleresel fort, „aber einmal lief ich einfach davon und kam acht Tage nicht wieder heim. Seither lassen sie mich machen, was ich will. Weißt du was, lauf deinem Alten auch einmal davon und lass ihn seine Säcke allein schleppen! Du sollst sehen, wie es nachher anders wird! Lauf, lauf, die Tür ist eben offen und du bist nicht angebunden!"

Das Eselchen, das wirklich ein rechtes Eselchen war, wurde ganz verwirrt im Kopf von all dem Neuen, und da ihm der große Esel Achtung einflößte und man auf das Böse viel leichter hört als auf das Gute, besann es sich nicht lange und ging wirklich zur Tür hinaus. Dort schüttelte es sich, schlug übermütig aus, dass der Schnee davonstob, und galoppierte zum Hof hinaus, über die Straße, durch den Kartoffelacker, und lief in den Wald. Dort sprang es hin und her, rannte mit den Hasen um die Wette, spielte mit den Hirschen und Rehlein und machte hohe Sprünge, um den Schnee abzuschütteln, der von den Tannen auf seinen Rücken fiel.

Das Eselchen wurde schließlich müde und auch hungrig. Es lief auf eine große Wiese, um etwas Essbares zu suchen. Der Schnee aber war sehr hoch und hart gefroren und das Eselchen fand nicht das kleinste Kräutlein. Als es weiterlief, sah es am Ende der Wiese, hart am Waldesrand, ein altes Mütterchen gehen, das auf seinem Rücken eine große Bürde Holz schleppte. Mühsam und langsam ging es vorwärts und atmete schwer.

Das Eselchen, das im Grunde ein gar liebes Eselchen war und bei Sankt Nikolaus nur Gutes gelernt hatte, ging ganz nahe zu dem Mütterchen hin und blieb vor ihm stehen, senkte auch seinen Kopf und sah mit seinen klugen Augen die alte Frau so aufmunternd an, dass diese das Tier wohl verstand. Sogleich lud sie ihm ihr Holz auf den Rücken, tätschelte ihm den Hals und machte: „Hö!", und das Eselchen trottete sanft hinter dem Mütterchen her, bis sie das kleine Haus erreicht hatten, weit draußen vor dem Dorf.

Kaum war das Holz abgeladen, kamen die Enkelkinder der Alten, sprangen um den Esel herum und schrien: „Ach, lass mich reiten, lass mich reiten!"

Das Eselchen, das von Sankt Nikolaus gelernt hatte, die Kinder lieb zu haben, ließ sie reiten. Erst die Mädchen, dann die Buben, dann wieder die Mädchen und wieder die Buben; zuletzt saßen zwei auf, ritten gegen das Dorf, schrien hü und hott und schwangen ihre Mützen. Vor dem Dorf warf sie das Eselchen ab und es gab ein großes Gelächter und Geschrei. Darauf sprangen die Kinder heim; das Eselchen lief weiter und wusste nicht recht, wohin es gehen sollte. Es war schon müde und Hunger und Durst hatte es auch. Langsam lief es in den Wald zurück und dachte an seinen warmen Stall, an das viele Heu, das es immer bekam, und an den guten Sankt Nikolaus, der ihm beim Fressen jedes Mal über den Rücken strich.

Traurig stapfte das Eselchen vorwärts; hie und da fiel ein Tannenzapfen herunter oder es krachte ein dürrer Ast; aber sonst war alles still.

Die Dämmerung kam und dem Eselchen wurde es unheimlich. Wenn es nur den Weg gewusst hätte! Wenn es doch nur wieder daheim wäre, dachte es betrübt und senkte den Kopf tief, tief herunter.

Nachdem der gute Sankt Nikolaus seine Suppe gegessen hatte, ging er in den Stall, um das Eselchen herauszuholen. Aber da war kein Eselchen mehr! Er suchte es überall und fragte alle Leute, ob sie sein Eselchen nicht gesehen hätten; aber niemand hatte es gesehen. Da kam er auf die Straße und sah im Kartoffelacker Spuren von kleinen Hufen. Er ging den Spuren nach, und richtig, als Sankt Nikolaus den Hügel hinter dem Dorf hinanstieg, sah er das Eselchen ganz traurig stehen. Es war so müde, dass es nicht einmal den Kopf wandte, als es Schritte hörte.

„Graues!", rief Sankt Nikolaus.

Potztausend, was machte es da für einen Sprung, und wie lief es hin zu Sankt Nikolaus, den es, obwohl es ganz dunkel war, gleich erkannte. Es wieherte vor Freude, schmiegte sich dicht an ihn und rieb seinen Kopf an dem weichen, wohl bekannten Pelzmantel.

„Aber Graues", sagte Sankt Nikolaus, „was machst du für Sachen!"

Da schämte sich das Eselchen ganz gewaltig. Sankt Nikolaus nahm es am Zaum; die beiden guten Freunde trotteten durch den Schnee zur nächsten Herberge, und als das Eselchen auf sauberem Stroh im Stall stand, das duftende Heu vor sich, und Sankt Nikolaus es hinter den Ohren kraulte, da dachte es bei sich: Diesmal bist du aber ein wirklicher Esel gewesen!

31

Leise rieselt der Schnee

Musik: trad. | Text: Eduard Ebel

1. Lei - se rie - selt der Schnee,
still und starr ruht der See,
weih - nacht - lich glän - zet der Wald:
Freu - e dich, Christ - kind kommt bald!

2. In den Herzen ist's warm,
   still schweigt Kummer und Harm,
   Sorge des Lebens verhallt:
   Freue dich, Christkind kommt bald!

32

3. Bald ist heilige Nacht,
   Chor der Engel erwacht,
   hört nur, wie lieblich es schallt:
   Freue dich, Christkind kommt bald!

Der Bratapfel

Kinder, kommt und ratet,
was im Ofen bratet!
Hört, wie's knallt und zischt.
Bald wird er aufgetischt,
der Zipfel, der Zapfeal,
der Kipfel, der Kapfel,
der gelb-rote Apfel.

Kinder, lauft schneller,
holt einen Teller,
holt eine Gabel!
Sperrt auf den Schnabel
für den Zipfel, den Zapfel,
den Kipfel, den Kapfel,
den goldbraunen Apfel.

Sie pusten und prusten,
sie gucken und schlucken,
sie schnalzen und schmecken,
sie lecken und schlecken
den Zipfel, den Zapfel,
den Kipfel, den Kapfel,
den knusprigen Apfel.

Das kleine Mädchen
mit den Schwefelhölzern

Es war entsetzlich kalt, es schneite und es dunkelte bereits; es war der letzte Abend im Jahre, Silvesterabend, und die Menschen blieben zu Hause in ihren warmen Stuben.

35

In dieser Kälte und Finsternis ging auf der Straße ein kleines, armes Mädchen mit nackten Füßen. Es hatte Pantoffeln angehabt, als es von zu Hause wegging, doch diese waren viel zu groß, da sie auch von der Mutter getragen wurden. Die Kleine hatte sie verloren, als sie über die Straße lief, während zwei Wagen in rasender Eile vorbeijagten.

Der eine Pantoffel war nicht wieder aufzufinden und mit dem anderen machte sich ein Knabe aus dem Staube, mit den Worten, ihn als Wiege zu benutzen, wenn er einmal Kinder bekäme. Da ging das Mädchen nun mit seinen nackten Füßen, die vor Kälte ganz blau waren. In seiner Schürze trug es jede Menge Schwefelhölzer, doch hatte es noch kein einziges Schächtelchen davon verkauft.

Die Schneeflocken fielen auf sein langes, blondes Haar, das sich in hübschen Locken über seinem Nacken kringelte und die Schultern hinabfloss, doch seine Gedanken weilten woanders. Aus den hell erleuchteten Fenstern drang der Duft von köstlichem Gänsebraten.

Die kleine Zündholzverkäuferin kauerte sich in einen Winkel zwischen zwei Häusern, von denen das eine etwas weiter vorsprang als das andere.

Sie hatte die Beinchen angezogen und kuschelte sich zusammen, um Schutz vor der Kälte zu finden, doch sie fror und fror und wagte es dennoch nicht, nach Hause zu gehen. Der Vater würde sie sicher schlagen, hatte sie doch keinen einzigen Heller verdient, und zudem war es zu Hause auch nicht wärmer. Der Wind pfiff durch das kaputte Dach hinein, obgleich schon Stroh und Lumpen in die größten Ritzen gestopft waren.

Ihre kleinen Hände waren vor
Kälte schon ganz steif und blau
gefroren. Wenn sie doch nur
ein Hölzchen nehmen würde,
um sich daran zu erwärmen!
Das Kind zog eines aus der
Schachtel heraus und ent-
zündete es an der Mauer.
Ritsch! Eine helle, warme
Flamme leuchtete auf.

Und wie das Hölzchen
brannte! Es glich einer fla-
ckernden Kerze, als es das
Mädchen so mit der Hand um-
schlossen hielt. Das Kind fühlte
sich, als säße es vor einem großen
und eisernen Ofen und streckte
schon die Füßlein aus, um auch
diese zu erwärmen, als die Flamme
plötzlich erlosch.

Der Ofen verschwand – es saß mit einem Stümpfchen des ausgebrannten Schwefelholzes in der Hand da. Es beschloss, ein weiteres Hölzchen anzuzünden. Das Hölzchen leuchtete auf und an der Stelle der Mauer, auf der sein Schein fiel, wurde diese durchsichtig. Die Kleine sah gerade in die Stube hinein, wo der Tisch mit einem blendend weißen Tischtuch und feinem Porzellan gedeckt stand. Darauf stand köstlich duftend die mit Pflaumen und Äpfeln gefüllte Gans. Die Gans sprang urplötzlich aus der Schüssel und watschelte über den Boden direkt auf das Mädchen zu.

In diesem Moment erlosch das Zündholz, und es war nur noch die dicke, kalte Mauer zu sehen. Die Kleine zündete ein neues an. Da saß sie unter dem schönsten Weihnachtsbaum, der noch größer und herrlicher geschmückt war als der, den sie beim reichen Kaufmann durch die Glastür gesehen hatte. Tausende Lichter brannten auf den grünen Zweigen und bunte Bilder schauten auf sie hernieder.

Das Mädchen streckte die Hände nach ihnen in die Höhe, da erlosch das Schwefelholz.

Die vielen Weihnachtslichter stiegen höher und höher und es sah erst jetzt, dass es helle Sterne waren. Einer von ihnen fiel herab und zog einen langen Feuerstreifen über den Himmel. „Jetzt stirbt jemand", dachte die Kleine, denn die alte Großmutter, die vor kurzem gestorben war, hatte immer gesagt: „Wenn ein Stern vom Himmel fällt, steigt eine Seele zu Gott empor." Das Mädchen entzündete ein weiteres Hölzchen und erblickte in dessen Schein die geliebte Großmutter.

„Großmutter!", rief sie, „nimm mich mit dir! Ich weiß, dass du verschwindest, sobald das Schwefelholz ausgeht, verschwindest, wie der warme Kachelofen, der köstliche Gänsebraten und der funkelnde Weihnachtsbaum!" Schnell strich sie den ganzen Rest der Schwefelhölzer an, die sich noch im Schächtelchen befanden, sie wollte die Großmutter festhalten. Diese nahm das kleine Mädchen auf ihren Arm und sie schwebten empor in Glanz und Freude.

Nun mussten Kälte, Hunger und Angst von ihm weichen, es war bei Gott. Aber im Winkel des Hauses an
der Ecke wurde in der kalten Morgenstunde ein kleines Mädchen gefunden, erfroren, mit roten Wangen
und einem Lächeln um den Mund. Gefunden wurde
auch ein Schächtelchen mit verbrannten Schwefel-
hölzern, an welchen es sich wärmen wollte. Niemand
wusste, was das Mädchen Schönes gesehen hatte, in
welchem Glanze es mit der alten Großmutter zur
Neujahrsfreude eingegangen war.

Wenn es Winter wird

Der See hat eine Haut bekommen,
sodass man fast drauf gehen kann,
und kommt ein großer Fisch geschwommen,
so stößt er mit der Nase an.

Und nimmst du einen Kieselstein
und wirfst ihn drauf, so macht es klirr
und titscher – titscher – titscher – dirr …
Heißa, du lustiger Kieselstein!
Er zwitschert wie ein Vögelein
und tut als wie ein Schwälblein fliegen –
doch endlich bleibt mein Kieselstein
ganz weit, ganz weit auf dem See draußen liegen.

Da kommen die Fische haufenweis
und schaun durch das klare Fenster von Eis
und denken, der Stein wär etwas zum Essen;
doch so sehr sie die Nase ans Eis auch pressen,
das Eis ist zu dick, das Eis ist zu alt,
sie machen sich nur die Nase kalt.

Aber bald, aber bald werden wir selbst auf eignen Sohlen
hinausgehn können und den Stein wieder holen.

Morgen kommt der Weihnachtsmann

Musik: trad. | Text: Hoffmann von Fallersleben

1. Mor - gen kommt der Weih - nachts - mann,
kommt mit sei - nen Ga - ben: Bun - te Lich - ter,
Bau - mes - zier, Zot - tel - bär und Pan - ter - tier,
Ross und E - sel, Schaf und Stier
möcht ich ger - ne ha - ben!

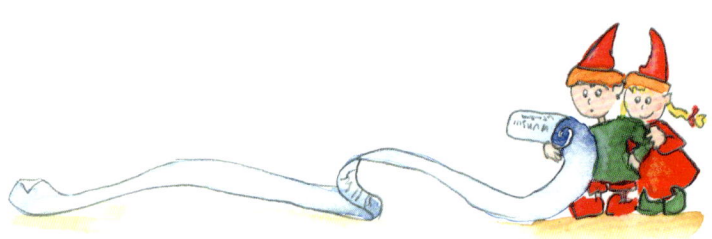

2. Doch du weißt ja unsern Wunsch,
   kennst ja unsre Herzen.
   Kinder, Vater und Mama,
   auch sogar der Großpapa,
   alle, alle sind wir da,
   warten dein mit Schmerzen.

Schon gewusst?

Der Weihnachtsmann wohnt in Finnland
Weit im Norden Finnlands liegt inmitten der wilden
Natur Lapplands ein kleines Dorf am „Ohrenberg".
Hier wohnt angeblich der Weihnachtsmann oder
„Joulupukki", wie ihn die Finnen nennen. Und dann
gibt es dort noch die Wichtelmänner und -frauen,
Wichtelkinder und natürlich viele, viele Rentiere.

Angeblich kann man dem Weihnachtsmann sogar
schreiben:
Santa's Main Post Office, 96930 Napapiiri, Finland

Alle Jahre wieder

Melodie: Ernst Anschütz

1. Al - le Jah - re wie - der kommt das Chris - tus - kind
auf die Er - de nie - der, wo wir Men - schen sind.

2. Kehrt mit seinem Segen
ein in jedes Haus,
geht auf allen Wegen
mit uns ein und aus.

3. Steht auch mir zur Seite
still und unerkannt,
dass es treu mich leite
an der lieben Hand.

Weihnachtstraum
auf acht Pfoten

Nur noch ein Tag bis Weihnachten. Aber Pauline
konnte sich gar nicht richtig freuen. Sie waren gerade
umgezogen.
Alles war neu und fremd. Und das Allerschlimmste:
Mama und Papa hatten wegen des Umzugs ihren
Hund Rufus und ihre Katze Fini in die Tierpension
gebracht.
Armer Rufus! Arme Fini! Hoffentlich geht es den
beiden gut – hoffentlich reißen sie nicht aus!, dachte
Pauline.

Traurig wickelte sie
sich in ihre Bettdecke.
Als sie endlich
eingeschlafen war, fing
sie an zu träumen:

Da waren Rufus und Fini doch tatsächlich aus der
Tierpension ausgerissen und hatten sich am Wald-
rand ein neues Zuhause gesucht. Eine ausgehöhlte
Baumwurzel war gemütlich mit Decken und Laub
ausgepolstert.
Dort kuschelten sich Rufus und Fini aneinander und
erzählten sich Geschichten von früher.
Draußen fing es an zu schneien.
Große weiche Flocken tanzten vom Himmel.
Die ganze Welt war weiß.
Rufus und Fini freuten sich.
Jetzt konnten sie ganz neue Spiele spielen.

Sie stapften Spuren in den Schnee,
rutschten den Abhang hinunter,
tollten nach Herzenslust miteinander.
Fini ließ aus einer Tanne von oben Schnee
auf Rufus rieseln. Jetzt sah er aus wie ein
richtiger Schneehund!

„Bald ist Weihnachten!", sagte Rufus. „Was wünschst
du dir?"
„Einen richtigen Weihnachtsbaum!", sagte Fini.
„So wie letztes Jahr bei Pauline.
Der sah so wunderschön aus und wir waren alle so
fröhlich."
„Da steht er schon!" Rufus schaute zur Tanne vor der
Baumhöhle.

Er kratzte sich am Ohr.
„Aber woher nehmen wir den Schmuck?"
„Suchen und finden!", sagte Fini.

Nachdenklich stapften Rufus und Fini am
Waldrand entlang.
Wie sollten sie denn im Schnee Schmuck für
den Tannenbaum finden?
Plötzlich fingen Rufus' Augen an zu leuch-
ten. „Komm mit. Ich habe eine Idee!"
Er flitzte los, dass Fini kaum nachkam.

„Hallo, ihr beiden!"
Das war Hanno Hase.
Er wollte ein Schwätzchen halten.
„Keine Zeit! Keine Zeit!", keuchte Rufus.
„Wo wollt ihr denn hin?"
„Weihnachtsschmuck holen für unseren
  Tannenbaum!" Hanno Hase war neugierig
und sauste hinter ihnen her.

Beim Kiosk am Dorfrand blieb Rufus stehen.
„Hier ist eine Schatzgrube", sagte er.
„Wollen wir buddeln?", fragte Hanno Hase.
„Quatsch! Mach doch die Augen auf!", knurrte
Rufus.
„Oh! Wirklich toll!" Fini war begeistert.
Sie hatte verstanden, was Rufus meinte.
Lauter Schätze für den Tannenbaum lagen rund-
herum auf dem Boden verstreut: Stanniolpapier,
Schraubverschlüsse von Flaschen, eine Spiralfeder,
Lametta, buntes Bonbonpapier, rote und gelbe
Bindfäden, ein Schlüsselanhänger …
Und dann fand Fini das Allerschönste:
einen goldenen Stern. Oh, wie wunderbar!
Sie machten einen Freudentanz im Schnee.

Rufus zerrte eine Tüte aus dem Papierkorb.
Darin wurden die Schätze verstaut.
Dann zogen sie die Tüte gemeinsam über den Schnee.
Der Heimweg war mühsam.
Es dämmerte schon und wurde immer kälter.
Puh! Jetzt aber schnell ins Warme.

Hanno Hase flitzte nach Hause.
Rufus und Fini krochen in die Baumhöhle und
packten ihre Schätze aus.
Fini war ganz vernarrt in den goldenen Stern.
Wie er glitzerte im Mondlicht.
„Morgen schmücken wir den Tannenbaum", sagte
Rufus.
Fini schnurrte vor Glück.
Wohlig kuschelten sie sich aneinander und wärmten
sich die kalten Pfoten.

In der Nacht hörte Fini
ein Geräusch.
TAP! TAP! TAP!
Was war das?
Da tauchte ein schwarzer
Schatten auf.
KNISTER! KNASTER!
Da wühlte eine dunkle
Gestalt in ihren Schätzen.
Fini schreckte hoch und schrie.
Doch rundum war alles ruhig und still.
„Komm, komm! Ist schon gut!", tröstete Rufus.
Er gab ihr einen Stups mit der Nase.

Aber nichts war gut.
Am nächsten Morgen war der goldene Stern
nicht mehr da.
Einfach verschwunden!
Wer konnte der Dieb gewesen sein?
Rufus schaut vor der Höhle nach:

„Da sind Spuren im Schnee –
von einem Vogel."

„Sucht ihr was?", fragte Erwin
  Eichhorn.
„Jemand hat unseren goldenen
  Stern geklaut", sagte Fini. „Es
  muss ein Vogel gewesen sein."
„Vielleicht war es Ella Elster hier
  oben", sagte Erwin Eichhorn.
„Sie ist Glitzer-Sammlerin."

Fini fauchte vor Wut. Sie wetzte ihre Krallen am
Baumstamm und KRIX KRAX schon kletterte sie
nach oben. Erwin Eichhorn sprang von Ast zu Ast
und kam gleichzeitig mit Fini am Nest an.
Ella Elster war ausgeflogen.
Ihr Nest war vollgestopft.
Da lagen Glaskugeln, bunte Knöpfe, Schlüssel,
Glasscherben, Sicherheitsnadeln, Büroklammern, ein
Silberglöckchen und – mittendrin der goldene Stern
von Fini!
„Mein Goldstern, mein Funkel-Glitzer-Schatz!",
maunzte Fini.

Gerade wollte Fini nach ihrem Stern greifen, da
spürte sie einen Schnabel am Po. AUTSCH!
„Scher dich zum Teufel!", kreischte Ella Elster.
„Erst will ich meinen Funkelstern wiederhaben!",
  fauchte Fini.
„Gib ihn her!", keckerte Erwin Eichhorn.
„Sonst werfe ich deinen Glitzer-
  Kram aus dem Nest!"

Wütend gab Ella Elster den Stern zurück.
Sie zeterte und schimpfte ganz fürchterlich.
Mit zitternden Beinen rutschte Fini mit dem Stern
den Stamm hinunter und sprang in den Schnee.
„Du warst toll mutig!", sagte Rufus unter dem Baum.
„Ich habe es für uns getan", sagte Fini, „für uns und
unseren Weihnachtsbaum."
Da – SCHMATZ – bekam Fini einen Hunde-Freund-
schafts-Kuss auf die Nase.

Der Winter hatte den Tannenbaum über Nacht mit
glänzenden Eiszapfen geschmückt.
Jetzt wollten Fini und Rufus alle ihre Schätze in den
Baum hängen. Rufus schmückte die unteren Zweige
mit Lametta, Bonbonpapier und bunten Bändern.
Fini hängte den Weihnachtsschmuck in den oberen
Zweigen auf. Erwin Eichhorn setzte den goldenen
Stern ganz oben auf die Spitze.
Hanno Hase kickte mit den Hinterläufen
noch ein bisschen Schnee in die Zweige.

Da kamen drei Waldmäuse angetrippelt.
„Was macht ihr denn?", fragten sie neugierig.
„Wir wollen Weihnachten feiern", sagte Rufus.
„Ihr seid eingeladen!"
„Ui!" Die Waldmäuse freuten sich.

Langsam wurde es dunkel. Der
Mond ging auf.
Sein Licht fiel auf den Tannen-
baum und der Weihnachtsschmuck
fing an zu funkeln und zu leuchten.
Fini und Rufus sangen zweistimmig „Oh Tannen-
baum".
Hanno Hase und Erwin Eichhorn klopften den Takt
dazu.
Und die Waldmäuse pfiffen und tanzten.
„Frohe Weihnachten!", krächzte es plötzlich über
ihnen. Nanu! Nicht zu fassen: Es war Ella Elster.
Sie brachte ein Glöckchen aus ihrer Glitzer-Samm-
lung als Geschenk für den Weihnachtsbaum.
Da hing es nun und bimmelte leise im Wind.
KLINGELINGELING. „Willst du mit uns Weih-
nachten feiern?", fragte Fini. Klar! Genau das hatte
Ella Elster sich insgeheim gewünscht.

Sie setzten sich alle in die warme Baumhöhle und
knabberten Nüsse, Möhren und Äpfel.
Fini kuschelte sich an Rufus und schnurrte.
Durch den Eingang konnten sie nach draußen sehen.
Da stand ihr Weihnachtsbaum.
Und der Goldstern auf der Spitze leuchtete und
strahlte, immer heller und heller …

Pauline rieb sich die Augen. Morgenlicht fiel ihr ins
Gesicht.
Hatte sie geträumt?
Pauline setzte sich auf. Und was sah sie?
Vor ihrem Bett lagen Rufus und Fini, als wären sie
nie weggewesen.
„Da seid ihr ja wieder!", sagte Pauline glücklich.
„Jetzt können wir wirklich zusammen Weihnachten
feiern!"

 78

Kling, Glöckchen, kling

1. Kling, Glöck-chen, klin-ge-lin-ge-ling, kling Glöck-chen, kling!

Lasst mich ein, ihr Kin - der, 's ist so kalt der Win - ter,

öff - net mir die Tü - ren, lasst mich nicht er - frie - ren!

1.–2. Kling, Glöck-chen, klin-ge-lin-ge-ling, kling Glöck-chen, kling!

2. Kling, Glöckchen, klingelingeling,
kling, Glöckchen, kling!
Mädchen, hört, und Bübchen,
macht mir auf das Stübchen,
bring euch viele Gaben,
sollt euch dran erlaben.
Kling, Glöckchen, klingelingeling,
kling, Glöckchen, kling.

80

Kommet, ihr Hirten!

Melodie: Volkslied aus Böhmen

1. Kom-met ihr Hir-ten, ihr Män-ner und Frau'n,
kom-met das lieb-li-che Kind-lein zu schau'n.
Chris-tus, der Herr, ist heu-te ge-bo-ren, den Gott zum Hei-land
euch hat er-ko-ren. Fürch-tet euch nicht!

2. Lasset uns sehen in Bethlehems Stall,
was uns verheißen der himmlische Schall.
Was wir dort finden, lasset uns künden,
lasset uns preisen in frommen Weisen:
Halleluja.

3. Wahrlich, die Engel verkündigen heut
Bethlehems Hirtenvolk gar große Freud.
Nun soll es werden Friede auf Erden,
den Menschen allen ein Wohlgefallen:
Ehre sei Gott.

Der Schneemann

An einem wunderschönen kalten Wintertag stand ein Schneemann im Garten und freute sich. Seine Augen bestanden aus zwei Stückchen von einem Dachziegel, sein Mund war ein alter, zerbrochener Rechen.

83

Er war soeben von ein
paar Schulkindern gebaut
worden und blinzelte nun
neugierig in die Sonne:
„Na, was glotzt du mich
so an?

Wenn ich nur könnte, würde ich zu dir laufen und
dich aus der Nähe betrachten."
Bei diesen Worten mischte sich der alte Kettenhund
ein: „Die Sonne wird dich schon laufen lehren. So wie
es deinen Vorgängern erging, wird sie es auch dir zei-
gen. Alle sind geschmolzen!"
Über Nacht wehte ein eisiger Wind, doch kaum dass
die Sonne aufgegangen war, erstrahlten die Bäume
und Büsche in herrlicher Pracht. Die Zweige waren

über und über mit weißem Reif überzogen und glitzerten im Licht. „Wie wunderschön", rief ein Mädchen, das mit einem jungen Mann in den Garten trat.

„Selbst im Sommer gibt es keinen schöneren Anblick!" – „Und so einen Kerl wie diesen findet man im Sommer erst recht nicht", lachte der Mann und zeigte auf den Schneemann.

Als sie über den Schnee tanzten, fragte der Schneemann den Kettenhund: „Wer waren die beiden?" „Liebesleute", gab der zur Antwort. „Sie teilen dieselbe Hütte und nagen am selben Knochen." – „Kennst du sie gut?", fragte der Schneemann neugierig. „Erzähl mir etwas über sie." Und der Kettenhund antwortete: „Sie gehören zur Herrschaft.

Als ich ein kleines, niedliches Hündchen war, durfte ich auf einem samtenen Stühlchen liegen, sie streichelten und küssten mich. Dann wurde ich älter und sie schenkten mich der Haushälterin. Ich kam in ein kleines Kämmerchen im Keller, in dem zwar weniger Platz war, dafür aber ein Ofen. Und im Winter ist ein Ofen wirklich das Schönste von der Welt!"

Der Schneemann bekam vor Staunen immer größere Augen und fragte neugierig: „Sag mir, mein Freund, was ist ein Ofen? Hat er Ähnlichkeit mit mir?"

„Überhaupt nicht!", erwiderte der Kettenhund. „Er ist rabenschwarz und hat einen langen Hals mit einer Messingtrommel. Er frisst Brennholz und spuckt Feuer aus seinem Munde heraus. An seiner Seite ist es ganz angenehm. Wenn du hineinschaust, wirst du ihn durch das Fenster sehen können."

Der Schneemann spähte in das Zimmerchen und erblickte ein schwarzes, glänzendes Etwas mit einer Messingtrommel.

„Und warum hast du sie verlassen?", fragte der Schneemann, der der Meinung war, es müsse sich hier um ein weibliches Wesen handeln.

„Ich wurde dazu gezwungen", erwiderte das Tier. „Sie haben mich an die Kette gelegt, nachdem ich das jüngste Kind ins Bein gebissen habe."

Der Schneemann wurde
nun noch neugieriger und
blinzelte durch das Fens-
ter in das Zimmerchen, in
dem der Ofen stand.
„Ich verspüre so ein selt-
sames Gefühl", sagte er.
„Ich muss diesen Ofen
kennenlernen, ich muss
ihn wenigstens ein
einziges Mal sehen.
Es ist mein aller-
größter Wunsch.
In dieses Käm-
merlein muss

ich gelangen, um ihm
nahe zu sein." – „Für ei-
nen Schneemann ist diese
Sehnsucht eine schlimme
Krankheit", entgegnete der
Kettenhund. „Du wirst ster-
ben, bist du dir dessen nicht
bewusst?"

Der Schneemann verbrachte
den Tag vor dem Fenster.
Als die Sonne unterging, erschienen das Licht und die
Wärme, die der Ofen aus-
strahlte, noch heimeliger.

„Ich halte es nicht mehr
aus", sagte der Schneemann,
die Flammen betrachtend.

„Wie schön es ihr steht, die Zunge so herauszustrecken." Die Nacht war lang, doch dem Schneemann ward sie nicht lang, er stand in seine eigenen schönen Gedanken vertieft. Am Morgen waren die Fensterscheiben mit Reif bedeckt, sie trugen die schönsten Eisblumen, die nur ein Schneemann verlangen konnte, doch verbargen sie den geliebten Ofen.
Er würde ihn so lange nicht sehen können, bis die Sonne das Eis geschmolzen hatte.

„Das ist Liebe", seufzte der Kettenhund. „Welch
hässliche Krankheit, auch ich litt an ihr, aber ich habe
sie überstanden." – „Wir werden anderes Wetter bekommen", fügte er dann hinzu. Und tatsächlich: Kurz
darauf kam ein leichter Wind auf und der Schnee begann zu schmelzen. Und je kräftiger der Wind blies,
desto kleiner wurde der Schneemann. Er beklagte sich
jedoch nicht.

Innerhalb kürzester Zeit war er völlig geschmolzen. An seiner Stelle stand ein Besenstiel, um den herum hatten ihn die Knaben gebaut, damit er stabil blieb. „Ja, jetzt begreife ich, dass er so große Sehnsucht hatte", dachte der Kettenhund. „Da ist ja ein Eisen zum Ofenreinigen an dem Stiel, der Schneemann hat einen Ofenkratzer im Leib gehabt." Und bald darauf war der Winter überstanden, die Kinder sangen im Garten die ersten Frühlingslieder und an den Schneemann dachte niemand mehr.

Denkt euch ...

Denkt euch – ich habe das Christkind gesehn!
Es kam aus dem Walde, das Mützchen voll Schnee,
mit rot gefrorenem Näschen.
Die kleinen Hände taten ihm weh;
denn es trug einen Sack, der war gar schwer,
schleppte und polterte hinter ihm her –
was drin war, möchtet ihr wissen?
Ihr Naseweise, ihr Schelmenpack –
meint ihr, er wäre offen, der Sack?
Zugebunden bis oben hin!
Doch war gewiss etwas Schönes drin:
Es roch so nach Äpfeln und Nüssen!

Vom Himmel hoch, da komm ich her

Melodie: Martin Luther

1. Vom Him - mel hoch, da komm ich her, ich
bring euch gu - te neu - e Mär; der gu - ten Mär bring
ich so viel, da - von ich singen und sa - gen will.

2. Euch ist ein Kindlein heut geborn,
   von einer Jungfrau auserkorn,
   ein Kindelein so zart und fein,
   das soll euer Freud und Wonne sein.

3. Es ist der Herr Christ, unser Gott,
   der will euch führn aus aller Not;
   er will euer Heiland selber sein,
   von allen Sünden machen rein.

4. Des lasst uns alle fröhlich sein
   und mit den Hirten gehn hinein,
   zu sehn, was Gott uns hat beschert,
   mit seinem lieben Sohn verehrt.

Am Weihnachtsbaum
die Lichter brennen

1. Am Weih-nachts-baum die Lich-ter bren-nen, wie glänzt er fest-lich lieb und mild, als spräch' er: wollt in mir er-ken-nen ge-treu-er Hoff-nung stil-les Bild.

2. Die Kinder stehn mit hellen Blicken,
das Auge lacht, es lacht das Herz;
oh fröhlich-seliges Entzücken!
Die Alten schauen himmelwärts.

3. Zwei Engel sind hereingetreten,
kein Auge hat sie kommen sehn;
sie gehn zum Weihnachtstisch und beten
und wenden wieder sich und gehn.

4. Kein Ohr hat ihren Spruch vernommen;
unsichtbar jedes Menschen Blick
sind sie gegangen wie gekommen;
doch Gottes Segen blieb zurück!

Jonas und der Weihnachtskobold

Es war noch ein Tag bis Weihnachten. Jonas saß lustlos in seinem Zimmer herum. Nicht einmal seine Lieblingsspielsachen konnten ihn aufheitern, denn er war sehr traurig. Vor einem Monat waren Mama, Papa, Jonas, seine kleine Schwester Lotta und sein großer Bruder Luis in eine andere Stadt gezogen. Papa hatte dort eine neue Arbeitsstelle gefunden. Jonas vermisste seine alten Freunde, vor allem seinen allerbesten Freund Jakob. Mit ihm konnte man so viel Spaß haben und am allerliebsten waren die beiden Jungen zusammen Skigelaufen.

Hier hatte Jonas noch keinen Freund gefunden. „Ich wünsche mir zu Weihnachten einen neuen Freund hier in der fremden Stadt, mit dem ich spielen, lachen und reden kann", sprach Jonas leise vor sich hin und seufzte. Er wünschte sich nichts sehnlicher als einen Freund – das war sein einziger Wunsch zu Weihnachten.

Abends im Bett konnte Jonas vor Aufregung kaum einschlafen. Hoffentlich hatte der Weihnachtsmann von seinem Wunsch gehört. Die Wunschzettel waren nämlich schon vor einer Woche geschrieben und an den Weihnachtsmann geschickt worden, sodass es jetzt am Abend vor Weihnachten zu spät war, den Freund-Wunschzettel mit der Post zu verschicken. Wie erfährt der Weihnachtsmann, dass ich mir so sehr einen Freund wünsche?, grübelte Jonas und wälzte sich im Bett hin und her. Und hat der Weihnachtsmann überhaupt genügend Zeit, mir meinen neuen Freund am Heiligabend vorbeizubringen?, grübelte Jonas weiter. Letztes Jahr hatte der Weihnachtsmann nämlich so viele Bescherungstermine, dass er Jonas und seinen Geschwistern die Geschenke nur unter den Tannenbaum legen und nicht persönlich überreichen konnte. „Aber der Weihnachtsmann kann mir doch meinen neuen Freund nicht unter den Tannenbaum legen, sondern muss ihn mir persönlich vorstellen", seufzte Jonas traurig und verkroch sich unter seiner Bettdecke.

Plötzlich zupfte jemand an der Decke. Auf der Bettkante saß ein kleiner Kobold.

„Wer bist du denn?", fragte Jonas verdutzt und war gar nicht mehr müde.

„Ich bin Konrad, der Kobold aus Koboldshausen, und ich bin von Beruf Kindertröster", stellte sich das kleine Männchen vor. „Ich habe gehört, dass du mit deiner Familie neu in dieser Stadt bist und dachte mir, dass du ein bisschen Aufheiterung gebrauchen könntest", erklärte Konrad. Und dann erzählte der kleine Kobold, dass er schon eine Weile bei Jonas im Zimmer unter dem Bett gelegen habe, weil der Weg von Koboldshausen sehr weit gewesen sei und er sich ein bisschen habe ausruhen müssen. „Und deshalb weiß ich auch, dass du traurig bist und dir einen neuen Freund vom Weihnachtsmann wünschst", fuhr Konrad fort. „Es ist natürlich etwas kurzfristig, sich einen Tag vor Heiligabend einen Freund vom Weihnachtsmann zu wünschen, aber vielleicht kann ich dir helfen." Der kleine Kobold kannte den Weihnachtsmann sehr gut, denn die beiden waren früher im Kindergarten die besten Freunde gewesen. Jetzt konnten sie nicht mehr so oft miteinander spielen, weil der Weihnachtsmann im Geschenkeverteil-Stress war und Konrad als Kindertröster viel zu tun hatte. „Aber für dich wird der Weihnachtsmann sicher Zeit haben, Jonas!", rief der kleine Kobold. „Ich gebe dir mein Kindertröster-Ehrenwort, dass er dir morgen Abend einen Freund mitbringt." Und – schwupps – sprang Konrad von der Bettkante und war verschwunden.

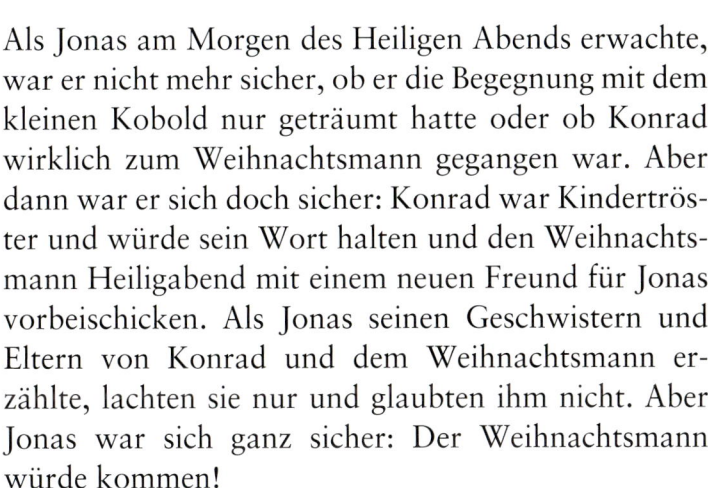

Als Jonas am Morgen des Heiligen Abends erwachte, war er nicht mehr sicher, ob er die Begegnung mit dem kleinen Kobold nur geträumt hatte oder ob Konrad wirklich zum Weihnachtsmann gegangen war. Aber dann war er sich doch sicher: Konrad war Kindertröster und würde sein Wort halten und den Weihnachtsmann Heiligabend mit einem neuen Freund für Jonas vorbeischicken. Als Jonas seinen Geschwistern und Eltern von Konrad und dem Weihnachtsmann erzählte, lachten sie nur und glaubten ihm nicht. Aber Jonas war sich ganz sicher: Der Weihnachtsmann würde kommen!

Endlich war Heiligabend. Stunde um Stunde verging, aber der Weihnachtsmann kam nicht. Jonas' Geschwister spielten mit ihren Geschenken und Mama und Papa machten es sich auf dem Sofa gemütlich. Aber Jonas wartete ungeduldig. Und endlich klopfte es und – da war der Weihnachtsmann!

„Hallo, Jonas!", rief der Weihnachtsmann mit seiner tiefen Stimme. „Mein bester Freund Konrad Kobold hat mir von deinem sehnlichsten Wunsch erzählt und deshalb bin ich heute persönlich zu dir gekommen."

„Und hast du mir einen neuen Freund mitgebracht?", fragte Jonas aufgeregt.

Der Weihnachtsmann setzte sich und nahm Jonas auf den Schoß. „Du kannst sehr froh sein, dass du einen besten Freund wie Jakob hast, Jonas", sagte der Weihnachtsmann. „Ich weiß, dass du ihn sehr vermisst, weil ihr nicht mehr in einer Stadt wohnt. Aber der beste Freund bleibt der beste Freund, egal wo man lebt." Dann fuhr der Weihnachtsmann fort: „Und weil du ja schon einen besten Freund hast, habe ich dir keinen neuen Freund als Geschenk mitgebracht, sondern ein paar neue Ski, damit du mit Jakob in den Ferien Skilaufen kannst."

Jonas war glücklich! Er hatte den Kobold Konrad und den Weihnachtsmann getroffen, ein tolles Weihnachtsgeschenk bekommen und für immer und ewig seinen besten Freund – Jakob!

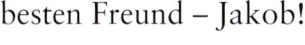

Es ist ein Ros' entsprungen

Musik: trad. (1599) | Text: trad. (1599)

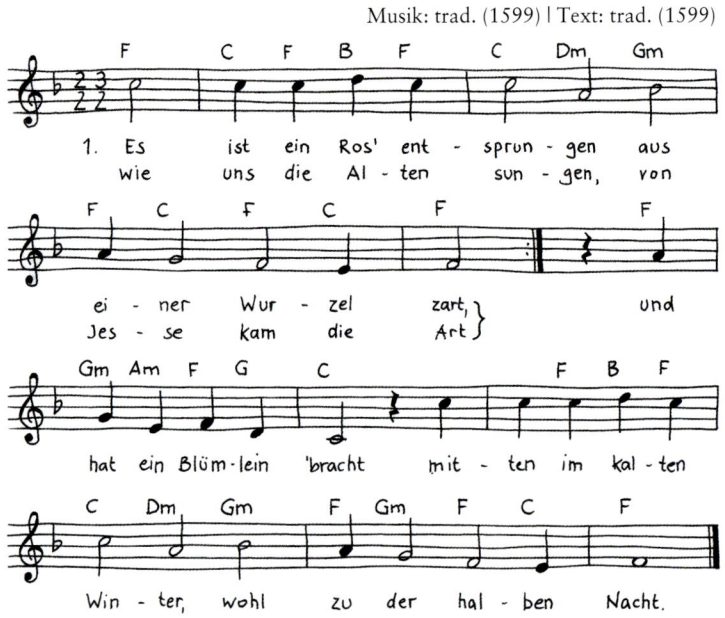

1. Es ist ein Ros' ent - sprun - gen aus
wie uns die Al - ten sun - gen, von

ei - ner Wur - zel zart,
Jes - se kam die Art
und

hat ein Blüm-lein 'bracht mit - ten im kal-ten

Win - ter, wohl zu der hal - ben Nacht.

2. Das Röslein, das ich meine,
davon Jesaja sagt,
hat uns gebracht alleine
Marie, die reine Magd;
aus Gottes ew'gem Rat
hat sie ein Kind geboren
wohl zu der halben Nacht.

3. Das Blümelein so kleine,
   das duftet uns so süß;
   mit seinem hellen Scheine
   vertreibt's die Finsternis.
   Wahr' Mensch und wahrer Gott,
   hilft uns aus allem Leide,
   rettet von Sünd und Tod.

4. Wir bitten dich von Herzen,
   du edle Königin,
   durch deines Sohnes Schmerzen,
   wann wir fahren dahin
   aus diesem Jammertal:
   Du wolltest uns begleiten
   bis an der Engel Saal!

5. So singen wir all' Amen,
   das heißt: Nun wird es wahr,
   das wir begehr'n allzusammen:
   Oh Jesu, hilf uns dar
   in deines Vaters Reich!
   Darin woll'n wir dich loben:
   Oh Gott, uns das verleih!

Die Zaubermühle

In einem Dorf wohnten zwei Brüder. Der eine war reich, der andere aber war bettelarm. Als der Weihnachtsabend kam, zündete der Reiche Licht an, und in seinem Haus wurde allerlei gutes Essen auf den Tisch gestellt, in des Armen Haus aber hatte man weder Licht noch Holz, noch etwas zu essen. Der Arme ging zu dem reichen Bruder und bat ihn um ein wenig Essen, aber der erwiderte, er könne nichts entbehren. Der Arme ließ aber nicht nach, sondern bettelte unablässig und bat um Hilfe. Zuletzt wurde der Reiche zornig und warf einen Schweineschinken nach ihm und sagte: „Zieh zur Hölle mit ihm!"

Der Arme tat, wozu ihn der reiche Bruder aufgefordert hatte: Er zog zur Hölle. Als er dort ankam, begegnete er zuallererst einem alten Mann draußen am Holzstoß. Der Alte hatte graues Haar und einen Bart, der ihm bis zu den Füßen reichte.

Der arme Bruder wünschte ihm Guten Tag und fragte, ob das die Hölle sei. Ja, das war sie. Aber als der Alte den Schweineschinken sah, sagte er, der arme Bruder solle auf der Hut sein, denn in der Hölle herrsche gerade großer Mangel an Fleisch, und er könnte sich darauf verlassen, dass die bösen Geister alles tun würden, um für sich ein Stück Fleisch zu bekommen. Er sollte ihnen nichts geben, wenn er dafür nicht die alte Mühle bekäme, die drinnen in der Hölle in einem Winkel stand.

Der Bruder ging hinein. Sogleich umringte ihn eine ganze Schar böser Geister, die riefen: „Was kostet das Fleisch?"

Der Bruder führte mit dem Knüppel, den er in der Hand hatte, einen Schlag gegen sie und sagte, er würde ihnen das Fleisch nicht geben, bevor er nicht die alte Mühle im Winkel bekäme.

Die Geister meinten, das sei viel zu viel verlangt, aber als der Bruder nicht nachgab, mussten sie ihm schließlich die Mühle geben. Der Bruder warf den Schweineschinken mitten in den Haufen, packte die Mühle und lief zur Tür. Als er hinaus zu dem Mann am Holzstoß kam, fragte er ihn, wozu die Mühle nützlich sei.

Der erklärte ihm, dass die Mühle alles mahlen konnte, was man ihr zu mahlen befahl. Darauf lehrte er den Bruder, wie man die Mühle in Gang setzen und wie man sie zum Stillstand bringen konnte. Der Bruder dankte für die Unterweisung und eilte heim. Im Hause war es dunkel und kalt. Seine Frau und die Kinder saßen da und weinten und warteten, dass er nach Hause käme. Er sagte, sie sollten nicht weinen und nicht mehr betrübt sein, denn jetzt würden sie es bald warm und hell haben. Er setzte die Mühle auf den Tisch und befahl ihr, Holz zu mahlen. Sogleich mahlte die Mühle das beste dürre Holz, das man sich wünschen konnte.

Dann trug er ihr auf, Kerzen und alle Arten von gutem Essen zu mahlen, und die Mühle mahlte alles, was der Bruder wünschte, sodass die Armen alles so in Hülle und Fülle hatten, dass es der König selbst nicht hätte besser haben können.

Am Weihnachtstag luden sie den reichen Bruder zu sich zu Gast ein. Als er den ganzen Überfluss sah, war er darauf erpicht zu erfahren, wie der arme Bruder zu alldem gekommen war. Der zeigte ihm die Mühle und ließ sie ein paar Silbersachen mahlen. Der reiche Bruder bekam große Augen und wollte unbedingt die Mühle abkaufen, aber er bekam zur Antwort, dass sie kaum für Geld zu haben sei. Der Reiche bat und bettelte und er bot viel Geld für sie. Zuletzt meinte der arme Bruder, wenn auch der Rei-

che hart und gar nicht hilfsbereit zu ihm gewesen sei, so sei er dennoch sein Bruder, und deshalb wolle er ihm die Mühle gegen den Betrag überlassen, den der Bruder geboten hatte. Darüber war der Reiche sehr froh und eilte sogleich mit seinem Eigentum nach Hause, aber er brachte es nicht über sich, sie etwas mahlen zu lassen, ehe es Sommer geworden war.

Eines Tages zur Erntezeit sagte er seiner Frau, sie solle mit den Arbeitern hinaus aufs Feld gehen. Er wolle selbst zu Hause bleiben und besorgen, was es hier zu tun gab, und auch sehen, dass das Mittagessen zur rechten Zeit fertig würde. Die Frau war damit sehr zufrieden.

Der Mann hatte geplant, die Mühle das Mittagessen zubereiten zu lassen. Zu diesem Zweck trug er sie herein, stellte sie auf den Tisch und forderte sie auf, Heringe und Grütze zu mahlen. Sie fing an zu mahlen und mahlte alle Schüsseln und Schalen voll. Der Mann wollte sie stoppen, aber das war nicht möglich, denn der Bruder hatte ihm nicht gesagt, wie er sie anhalten konnte. Die Mühle fuhr fort zu mahlen und zu mahlen. Der Mann setzte alle Gefäße darunter, die er erreichen konnte, aber sie füllten sich in wenigen Augenblicken, und jetzt fingen Grütze und Heringe an, auf den Boden zu fließen. Nach einer kleinen Weile watete der Mann bis zu den Knien in Grütze und Heringen. Er schlug die Türen zu den anderen Zimmern auf, aber Grütze und Heringe folgten ihm nach und reichten ihm schließlich bis unter das Kinn. Glücklicherweise hatte er da schon die Tür des Hausflurs erreicht und stürzte hinaus und weiter auf den Weg. Aber ihm nach brauste der Strom von Heringen und Grütze.

Als der Mann ein Stück gelaufen war, erblickte er seine Frau und die Arbeitsleute, die zu Mittag nach Hause kamen. „Schnell, zum Donnerwetter, oder ihr ertrinkt in Heringen und Grütze!", rief ihnen der Mann zu. Und bald stießen sie auf den Grützestrom, der sich immer weiterwälzte, und nun waren sie es, die die Beine in die Hand nahmen. Inzwischen war der Mann zu seinem Bruder gelaufen und bat ihn um alles in der Welt zu kommen und die Mühle zum Stehen zu bringen. Aber der Bruder antwortete, darum werde er sich nicht kümmern, denn da er einmal die Mühle verkauft habe, so

wolle er nichts mehr mit ihr zu tun haben. Der Mann
bat ihn doch zu kommen – der Bruder solle die Mühle
umsonst wieder zurückhaben, wenn er nur eile und sie
zum Stehen bringe. Als der Bruder hörte, dass er die
Mühle umsonst wieder zurückbekommen sollte, da
brauchte es nicht lange, bis er sich auf den Weg machte
und die Mühle anhielt.

Der Bruder hatte nun die Mühle lange, und sie mahlte
alles, was er sie zu mahlen bat, und aus dem armen
Bruder wurde ein reicher und mächtiger Mann.

Oh du fröhliche, oh du selige

Melodie: Sizilianische Volksweise

1. Oh du fröh-li-che,— oh du se-li-ge,— gna-den-brin-gen-de Weih-nachts-zeit! Welt— ging ver-lo-ren, Christ— ward ge-bo-ren: Freu-e,— freu-e dich, oh Chris-ten-heit!

2. Oh du fröhliche, oh du selige,
gnadenbringende Weihnachtszeit!
Christ ist erschienen, uns zu versühnen:
Freue, freue dich, oh Christenheit!

3. Oh du fröhliche, oh du selige,
gnadenbringende Weihnachtszeit!
Himmlische Heere jauchzen dir Ehre:
Freue, freue dich, oh Christenheit!

Oh Tannenbaum

1. Oh Tan-nen-baum, oh Tan-nen-baum, wie grün sind dei - ne Blät - ter! Du grünst nicht nur zur Som-mer-zeit, nein auch im Win - ter, wenn es schneit. Oh Tan - nen - baum, oh Tan - nen - baum, wie grün sind dei - ne Blät - ter!

2. Oh Tannenbaum, oh Tannenbaum,
   du kannst mir sehr gefallen.
   Wie oft hat nicht zur Weihnachtszeit
   ein Baum von dir mich hoch erfreut.
   Oh Tannenbaum, oh Tannenbaum,
   du kannst mir sehr gefallen.

3. Oh Tannenbaum, oh Tannenbaum,
   dein Kleid will mich was lehren:
   Die Hoffnung und Beständigkeit
   gibt Trost und Kraft zu jeder Zeit.
   Oh Tannenbaum, oh Tannenbaum,
   dein Kleid will mich was lehren.

Nach dem Neuen Testament

Die Weihnachtsgeschichte

In dem kleinen Ort Nazareth lebte eine fromme junge Frau mit Namen Maria. Sie war mit einem guten Mann namens Joseph verlobt. Joseph war ein Zimmermann und seine Familie stammte von König David ab.

Eines Tages erschien Maria der Engel Gabriel.

„Der Herr ist mit dir", sagte er. „Du bist gesegnet unter den Frauen." Verwirrt und ein wenig furchtsam fragte sich Maria, was das zu bedeuten hatte.

„Fürchte dich nicht, Maria", sprach der Engel weiter, „denn Gott hat dich auf eine ganz besondere Weise gesegnet. Du wirst einen Sohn bekommen und du sollst ihn Jesus nennen. Er wird groß werden unter dem Herrn und sein Königreich wird niemals enden."

„Wie soll das geschehen?", fragte Maria. „Ich habe doch noch gar keinen Ehemann."

„Gottes Heiliger Geist wird über dich kommen", erwiderte Gabriel, „und dein Kind wird der Sohn Gottes sein."

Maria beugte demütig den Kopf und antwortete: „Ich bin Gottes Dienerin, und ich will tun, was immer er will."

Auch Joseph erschien ein Engel und erzählte ihm von dem heiligen Kind, das Maria geboren werden sollte.

„Sein Name soll Jesus sein, und er soll der Erlöser sein, denn er wird die Menschen von ihren Sünden erretten", sagte der Engel.

Um diese Zeit wurde das Land ein Teil des Römischen Reiches und der Kaiser befahl, dass jeder zu der Stadt gehen sollte, in der er geboren war. Dort müsste er seinen Namen aufschreiben lassen, denn der Kaiser wollte wissen, wie viele Menschen in seinem Reich lebten. Jeder, der nicht mehr in seiner Geburtsstadt wohnte, musste dorthin zurückkehren. Für Joseph bedeutete dies eine Reise von einigen Tagen zurück nach Bethlehem.

Joseph und Maria machten sich auf ihren langen Weg. Als sie Bethlehem erreicht hatten, mussten sie feststellen, dass der ganze Ort überfüllt war, so viele Menschen waren gekommen, um ihre Namen auf-schreiben zu lassen. Alle Herbergen waren voll und sie konnten nirgendwo ein Zimmer bekommen.

Ein Herbergsvater jedoch hatte Mitleid, als er sah, wie müde Maria war, und sagte freundlich: „Es tut mir leid, ich habe kein Zimmer mehr frei in meiner Herberge, aber wenn ihr wollt, könnt ihr in meinem Stall schlafen."

Maria und Joseph nahmen dieses Angebot dankbar an und richteten sich auf dem Heu zwischen den Tieren für die Nacht ein.

Noch in dieser Nacht wurde Marias Sohn ge-boren. Sie wickelte ihn liebevoll in Windeln, und weil sie keine Wiege hatte, legte sie ihn in die Futterkrippe, worin sich das Heu für die Tiere befand.

Auf den Feldern vor Bethlehem bewachten die Schäfer ihre Herden. Es war eine dunkle

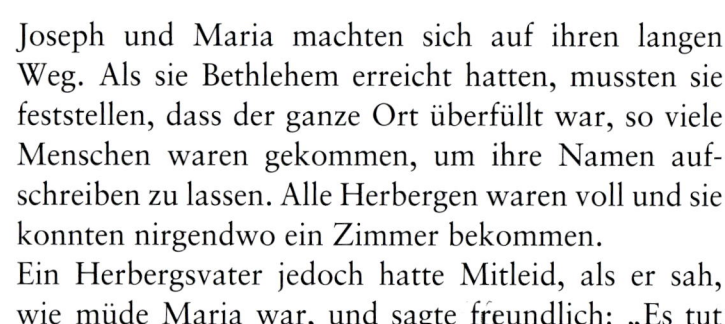

Nacht, aber die Sterne schienen hell. Die Schafhirten lauschten immer wieder, ob wilde Tiere in der Nähe waren, die es auf ihre Schafe abgesehen hatten.

Plötzlich wurde der Himmel vor ihnen ganz hell, die Hügel und Felder schimmerten. In der Mitte des Lichtes sahen sie einen Engel stehen. Die Hirten hatten solche Angst, dass sie zu Boden fielen und sich die Hände vor die Gesichter hielten.

„Habt keine Angst", sagte der Engel, „denn ich bin gekommen, um euch große Freude zu verkünden. Alle Menschen sollen es erfahren. Heute Nacht ist euch der Heiland geboren, der Retter der Welt. Ihr findet das Kind in Bethlehem, in Windeln gewickelt und in einer Futterkrippe."

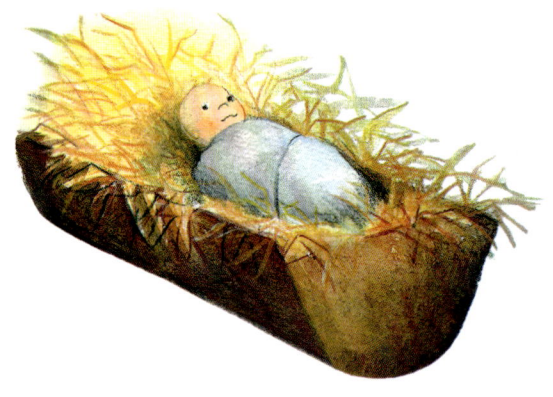

Als der Engel zu Ende gesprochen hatte, kam noch ein ganzes Heer von Engeln, die sangen und lobten Gott: „Ehre sei Gott in der Höhe und Friede auf Erden unter den Menschen, die Gott wohl gefallen." Dann wurde das Licht wieder schwächer, und der Engel verschwand.

Die Schafhirten sahen sich verblüfft an. Konnte das wirklich alles wahr sein? Der Messias sollte geboren sein – in Bethlehem?

„Kommt", sagten sie zueinander. „Lasst uns nach Bethlehem gehen und selbst das sehen, was der Engel uns verkündet hat."

Sofort machten sie sich auf nach Bethlehem. Sie wussten, dass sie nicht nach einem Palast suchen mussten, nicht nach einem Kind in einem Haus, sondern nach einem Kind in einer Krippe.

Als sie in Bethlehem ankamen, brauchten sie nicht sehr lange, um Maria und Joseph im Stall zu finden, wo das neugeborene Kind auf dem Heu in der Krippe lag.

Die Hirten waren so aufgeregt, dass sie die Neuigkeiten nicht für sich behalten konnten. Sie erzählten jedem, den sie auf ihrem Heimweg trafen, dass sie das

Kind gefunden hätten und wie der Engel ihnen verkündet hatte, dass es der Messias sei, auf den die Menschen schon lange warteten. Alle, die von der Geschichte hörten, waren sehr erstaunt. Sie konnten es kaum glauben. Es schien ihnen unmöglich, dass der Messias in einem Stall geboren sein sollte.

Die Schafhirten jedoch hatten keinen Zweifel an dem, was sie gehört und gesehen hatten. Sie kehrten zu ihren Herden zurück und lobten Gott.

Weihnachten

Markt und Straßen stehn verlassen,
still erleuchtet jedes Haus,
sinnend geh ich durch die Gassen,
alles sieht so festlich aus.

An den Fenstern haben Frauen
buntes Spielzeug fromm geschmückt,
tausend Kindlein stehn und schauen,
sind so wunderstill beglückt.

Und ich wandre aus den Mauern
bis hinaus ins freie Feld,
hehres Glänzen, heilges Schauern!
Wie so weit und still die Welt!

Sterne hoch die Kreise schlingen,
aus des Schnees Einsamkeit
steigt's wie wunderbares Singen –
oh du gnadenreiche Zeit!

Stille Nacht, heilige Nacht

Melodie: Franz Gruber

1. Stil - le Nacht, hei - li - ge Nacht! Al - les schläft,
ein - sam wacht nur das trau - te, hoch-hei - li - ge Paar;
hol - der Kna - be im lo - cki-gen Haar, schlaf in himm-li-scher
Ruh,＿ schlaf＿ in himm - li-scher Ruh!

2. Stille Nacht, heilige Nacht!
Hirten erst kundgemacht,
durch der Engel Halleluja
tönt es laut von fern und nah:
Christ, der Retter, ist da,
Christ, der Retter, ist da.

3. Stille Nacht, heilige Nacht!
Gottes Sohn, oh wie lacht
Lieb aus deinem göttlichen Mund,
da uns schlägt die rettende Stund,
Christ, in deiner Geburt,
Christ, in deiner Geburt!

119

Quellenverzeichnis